Ugo et Liza chercheurs de dinosaures

Premières lectures

Je commence à lire tout seul.
Une vraie intrigue, en peu de mots, pour accompagner les balbutiements en lecture.

Je lis tout seul.
Une intrigue découpée en chapitres pour pouvoir faire des pauses dans un texte plus long.

Je suis fier de lire.
De vrais petits romans, nourris de vocabulaire et de structures langagières plus élaborées.

Pour **Mymi Doinet**, quel bonheur enfant, de passer des vacances à la campagne chez sa mamie. Elle accueillait tout plein d'animaux!
Parmi eux, il y avait Margot, à la drôle de petite tête de bébé dinosaure. En fait, c'était une tortue. Elle faisait aussi partie de la grande famille des reptiles!

Quand il était petit, tous les copains de classe de **Daniel Blancou** rêvaient de devenir chercheurs de dinosaures. Lui, au contraire, n'avait qu'une idée en tête : devenir dessinateur. Ces dessins lui permettent de vivre un peu tous les métiers qu'il souhaite.

Responsable de la collection :
Anne-Sophie Dreyfus
Direction artistique, création graphique et réalisation : DOUBLE, Paris

ISBN : 978-2-401-02423-6
ISSN : 2100-2843

Loi n° 49956 du 16 juillet 1949 sur les publications destinées à la jeunesse.
Achevé d'imprimer par Clerc à Saint-Amand-Montrond - FRANCE
Dépôt légal : 02423 6/01 - Août 2016

PAPIER À BASE DE FIBRES CERTIFIÉES

Hatier s'engage pour l'environnement en réduisant l'empreinte carbone de ses livres. Celle de cet exemplaire est de : 300 g éq. CO_2
Rendez-vous sur www.hatier-durable.fr

IMPRIM'VERT 2015

LES PETITS MÉTIERS D'UGO ET LIZA

Ugo et Liza chercheurs de dinosaures

écrit par Mymi Doinet
illustré par Daniel Blancou

Hatier jeunesse

Coucou, je m'appelle **Ugo**! Je suis un bricoleur... très étourdi.
Et moi, je m'appelle **Liza**! Je suis super acrobate... mais j'ai le vertige.
Woua, woua, moi c'est **Robotaquin**! Je suis un chien magicien... mais, sans mes piles, je perds tous mes pouvoirs.

1

Panique au muséum!

Bienvenue au muséum* de Jouets-Ville!
Devant la porte, les visiteurs attendent pour voir une grande exposition sur les dinosaures...

Ces grosses bêtes touchent le plafond!
Liza chuchote à Ugo :
– J'aurais peur de les croiser sur la route!

Monsieur Cubitus, le directeur
du muséum, a tout entendu :
– Voyons les enfants, au temps
des dinosaures, il n'y avait pas
encore d'hommes sur la Terre!

Dans la salle voisine, un squelette de diplodocus* est exposé. Ugo fait un faux pas, et boum! le dinosaure s'écroule. Vite, il faut rassembler ses os, sinon gare à monsieur Cubitus!

Catastrophe! Un os s'est cassé en tombant.
Ugo et Liza demandent de l'aide à Robotaquin. Il aboie :
– Woua, woua, abracadinosaure!
Aussitôt, ils tournent tous comme des toupies.
Panique! Le magie-chien s'est trompé de formule...

… et les voici dans
une sombre forêt.
Ugo tremble, plus perdu
que le Petit Poucet :
– Où sommes-nous ?

Tout à coup, quatre pattes géantes font craquer le sol. Liza murmure :

– Ça alors, nous sommes au temps des dinosaures !

Soudain, une maman diplodocus baisse son long cou vers Ugo et Liza :

– Aidez-moi à vite retrouver celui qui a chapardé* mes œufs !

2

Qui a volé les œufs de maman diplodocus ?

Ugo et Liza courent dans les bois, et Robotaquin jappe :
– Suivons ces traces de pattes !

Les pas mènent la petite bande vers un volcan.
Au pied de la montagne en feu, une ombre semble jongler avec trois ballons de rugby.
Qui est-ce?

Un tyrannosaure*! Il s’apprête
à lancer les œufs de maman
diplodocus dans les flammes :
– Je vais me faire cuire des œufs
durs!

– Voleur, rendez-nous ces œufs ! crient Ugo et Liza.
L’horrible dinosaure tempête :
– Taisez-vous, ou je vous transforme en brochettes !

Puis, il se sauve avec les œufs dans les pattes.
Que faire? Heureusement, au même instant, papa diplodocus surgit de la forêt :
– Montez sur mon dos!

Tout là-haut, saperlipopplouf! Liza a le vertige. Ugo et Robotaquin la tiennent par la main :
– Courage, c'est le seul moyen de ne pas perdre la trace du voleur d'œufs!

Papa diplodocus le poursuit à mille à l'heure. Tout à coup, bing! Le tyrannosaure se prend les pattes dans une racine. Crac! Il lâche les œufs...

…les coquilles se brisent, et trois drôles de petites têtes en sortent. Ugo et Liza ouvrent de grands yeux :

– Ça alors, les dinosaures naissent comme les poussins !

Aussitôt, le tyrannosaure ouvre ses mâchoires, et gnap! il fait prisonniers les bébés entre ses dents. Papa diplodocus le supplie :

– Pitié, ne croque pas mes petits!

Au même moment, un tricératops*, costaud dinosaure à trois cornes, arrive au grand galop...

3
Robotaquin retrouvera-t-il la mémoire?

Ugo et Liza encouragent le tricératops :

– Ce voleur mérite une fessée de coups de cornes!

Cogné de partout, aïe! Le tyrannosaure recrache les bébés diplodocus, et il disparaît au fond de la forêt.

Ugo et Liza prennent les petits dans leurs bras. Perchés sur le dos de papa diplodocus, ils filent retrouver maman dino. Folle de joie, elle s'écrie :

– Merci mes super sauveurs !

Pendant ce temps-là, Robotaquin déterre un os énorme! Mais, abracadaboum! Le magie-chien tombe : ses piles sont usées.

Ouf! Ugo a des piles neuves
dans sa poche! Il les remplace.
Robotaquin clignote de la truffe.
Ça y est, il se souvient de la
bonne formule magique :
– Woua, woua, abracadabra!

Bang ! Aussitôt, Ugo et Liza tourbillonnent. Et les voici revenus dans le muséum.

L'os trouvé par Robotaquin est celui qui manquait à Ugo et Liza : ils vont pouvoir reconstituer le squelette du diplodocus !
Monsieur Cubitus les félicite :
– Bravo les enfants, les dinosaures n'ont plus de secrets pour vous !

Il y a soixante-cinq millions d'années que les dinosaures ont disparu.
***Aide Ugo et Liza** à entourer ce qui n'existait pas en leur temps.*

mon mini dico

muséum (p. 5) : c'est un musée où sont exposés beaucoup de plantes et d'animaux. Les chercheurs d'os de dinosaures sont des paléontologues.

diplodocus (p. 8) : c'est un dinosaure herbivore, gourmand de plantes, qui était aussi long que six voitures garées à la queue leu leu.

chaparder (p. 12) : c'est voler quelque chose.

tyrannosaure (p. 15) : c'est un dinosaure carnivore, goinfre de chair fraîche, qui avait des dents longues comme des couteaux.

tricératops (p. 22) : c'est un dinosaure herbivore qui se servait de ses trois cornes pour se défendre.